Impressum
Verlag: BABADADA GmbH, Nedderfeld 112 , 22529 Hamburg
Geschäftsführer / Verlagsleitung: Harald Hof
Druck: Books on Demand GmbH, In de Tarpen 42, 22848 Norderstedt

Imprint
Publisher: BABADADA GmbH, Nedderfeld 112 , 22529 Hamburg, Germany
Managing Director / Publishing direction: Harald Hof
Print: Books on Demand GmbH, In de Tarpen 42, 22848 Norderstedt, Germany

School

Šola

Klassenstuuv / Razred

delen / Deljenje

186/2

Tafel / Tabla

Schoolhoff / Šolsko dvorišče

Schoolmeester / Učitelj

Papeer / Papir

schrieven / Pisati

Sticken / Pisalo

Schrievdisch / Pisalna miza

Lienholt / Ravnilo

Book / Knjiga

Schöler / Učenec

Ranzel

Šolska torba

Feddermapp

Peresnica

Bleesticken

Svinčnik

Scharpmaker

Šilček

Radeergummi

Radirka

Tekenblock

Risalni blok

Teken

Risba

Pinsel

Čopič

Malkassen

Vodene barvice

Scheer

Škarje

Klever

Lepilo

Heft to'n Öven

Zvezek

Huusopgaav

Domača naloga

12

Tall

Število

2+2

tohooptellen

Seštevanje

5-2

aftrecken

Odštevanje

2×2

malnehmen

Množenje

reken

Računanje

Bookstaav

Črka

ABCDEFG HIJKLMN OPQRSTU VWXYZ

ABC

Abeceda

Woort

Beseda

Text
Besedilo

lesen
Brati

Kried
Kreda

Stunn
Učna ura

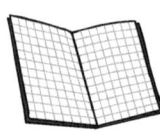

Klassenbook
Redovalnica

Pröven
Preizkus znanja

Tüügnis
Spričevalo

Schooluniform
Šolska uniforma

Utbillen
Izobrazba

Nakieksel
Enciklopedija

Universität
Univerza

Mikroskop
Mikroskop

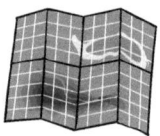

Koort
Zemljevid

Papeerkorf
Koš za smeti

Hotel
Hotel

Grand

Harbarg
Hostel

ROOMS

Wesselstuuv
Menjalnica

ECHANGE

Kuffer
Kovček

Auto
Avtomobil

Spraak
Jezik

jo / ne
da / ne

Jo
Prav

Moin
Pozdravljeni

Översetter
Prevajalec

Dank ok
Hvala

Wat kost...?

Koliko stane...?

Ik verstah nich

Ne razumem

Problem

Težava

Goden Avend

Dober večer!

Moin!

Dobro jutro!

Gode Nacht!

Lahko noč!

Tschüüs

Nasvidenje

Richt

Smer

Bagaasch

Prtljaga

Tasch

Torba

Rüchsack

Nahrbtnik

Gast

Gost

Stuuv

Soba

Slaapsack

Spalna vreča

Telt

Šotor

Touristeninformatschoon

Turistične informacije

Strand

Plaža

Kreditkoort

Kreditna kartica

Fröhstück

Zajtrk

Meddageten

Kosilo

Avendeten

Večerja

Fohrkort

Vozovnica

Fohrstohl

Dvigalo

Breefmark

Znamka

Grenz

Meja

Toll

Carina

Buttschop

Veleposlaništvo

Visum

Vizum

Pass

Potni list

Transport

Prevoz

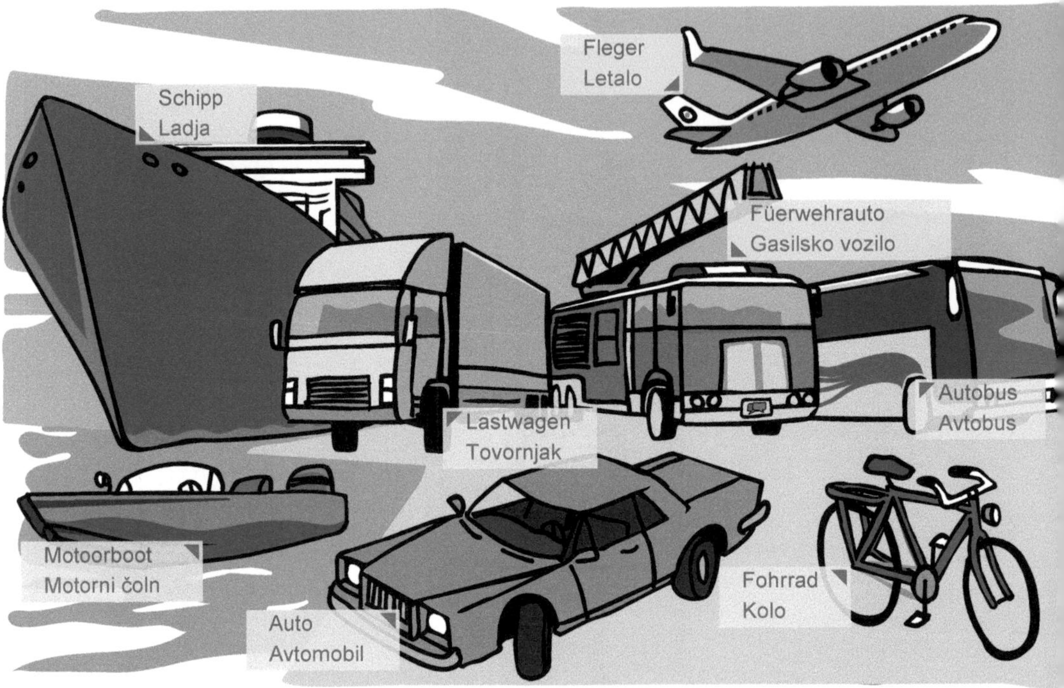

Fleger
Letalo
Schipp
Ladja
Füerwehrauto
Gasilsko vozilo
Autobus
Avtobus
Lastwagen
Tovornjak
Motoorboot
Motorni čoln
Fohrrad
Kolo
Auto
Avtomobil

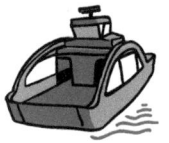

Fähr

Trajekt

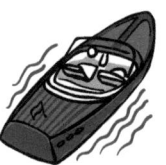

Boot

Čoln

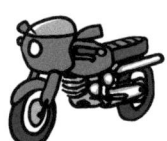

Motoorrad

Motorno kolo

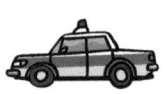

Polizeiauto

Policijski avto

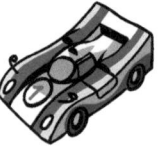

Rönnauto

Dirkalni avto

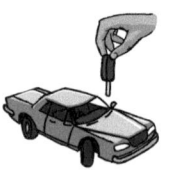

Lehnwagen

Najeto vozilo

Carsharing

Souporaba avtomobila

Afsleepwagen

Avtovleka

Müllauto

Smetarsko vozilo

Motoor

Motor

Kraftstoff

Gorivo

Tanksteed

Bencinska postaja

Verkehrsschild

Prometni znak

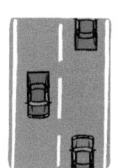

Verkehr

Promet

Stau

Zastoj

Afstellplatz

Parkirišče

Bahnhoff

Železniška postaja

Sporen

Tirnice

Tog

Vlak

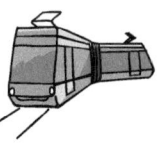

Stratenbahn

Tramvaj

Wagon

Vagon

Dwarsmöhl

Helikopter

Flooghaven

Letališče

Tower

Stolp

Fohrgast

Potnik

Grootkist

Kontejner

Karton

Karton

Koor

Voziček

Korf

Košara

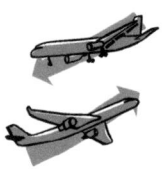

starten / lannen

vzleteti / pristati

Stadt

Mesto

Dörp

Vas

Binnenstadt

Mestno jedro

Huus

Hiša

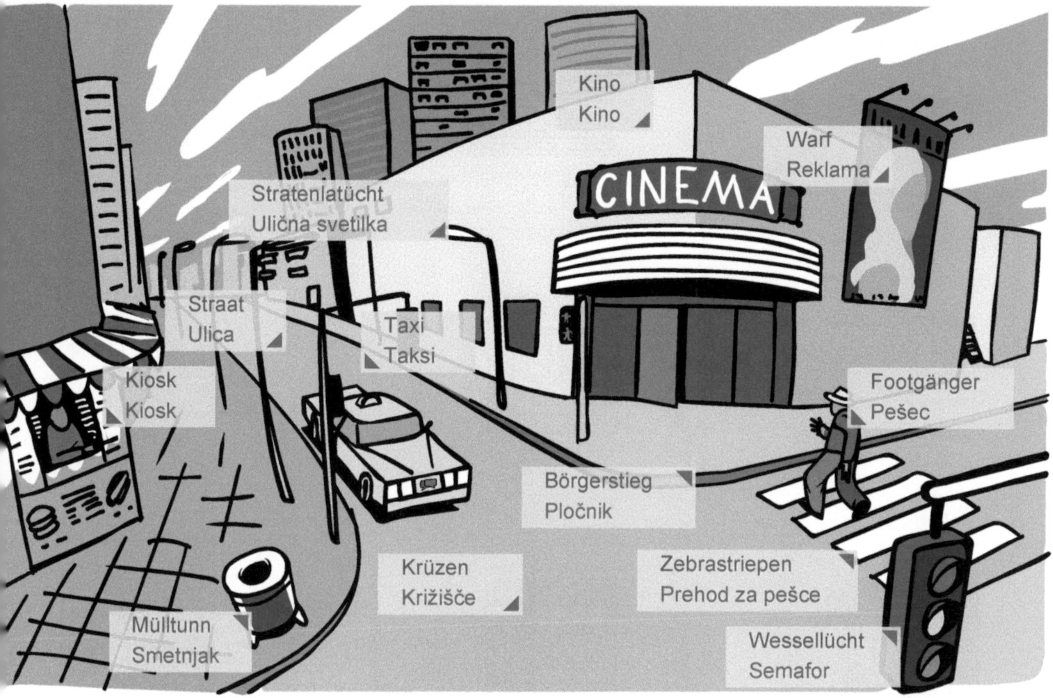

Kino
Kino

Warf
Reklama

Stratenlatücht
Ulična svetilka

Straat
Ulica

Taxi
Taksi

Kiosk
Kiosk

Footgänger
Pešec

Börgerstieg
Pločnik

Krüzen
Križišče

Zebrastriepen
Prehod za pešce

Wessellücht
Semafor

Mülltunn
Smetnjak

CINEMA

Hütt

Koča

Wahnung

Stanovanje

Bahnhoff

Železniška postaja

Raathuus

Mestna hiša

Museum

Muzej

School

Šola

Universität

Univerza

Bank

Banka

Krankenhuus

Bolnišnica

Hotel

Hotel

Afteek

Lekarna

Büro

Pisarna

Bookhökerie

Knjigarna

Hökerie

Trgovina

Blomenhökerie

Cvetličarna

Supermarkt

Supermarket

Markt

Tržnica

Koophuus

Veleblagovnica

Fischhökerie

Ribarnica

Inkoopszentrum

Nakupovalno središče

Haven

Pristanišče

Parkanlaag

Park

Bank

Klop

Brüch

Most

Trepp

Stopnice

Ünnergrundbahn

Podzemna železnica

Tunnel

Predor

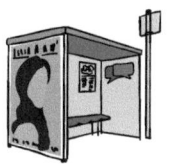

Busstoppsteed

Avtobusno postajališče

Bar

Bar

Spieslokal

Restavracija

Breefkassen

Poštni nabiralnik

Stratenschild

Ulična tabla

Parkklock

Parkirna ura

Deertenpark

Živalski vrt

Baadanstalt

Kopališče

Moschee

Mošeja

Buernhoff
Kmetija

Ümweltversmudden
Onesnaževanje

Karkhoff
Pokopališče

Kark
Cerkev

Speelplatz
Otroško igrišče

Tempel
Tempelj

Landschop
Pokrajina

Blatt
List

Wiespahl
Kažipot

Weg
Pot

Wisch
Travnik

Steen
Kamen

Boom
Drevo

Wannerer
Pohodnik

Fluss
Reka

Gras
Trava

Bloom
Cvetlica

Daal

Dolina

Barg

Hrib

See

Jezero

Holt

Gozd

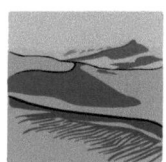

Wööst

Puščava

Füerspien Barg

Vulkan

Slott

Grad

Regenbagen

Mavrica

Poggenstohl

Goba

Palm

Palma

Steekmück

Komar

Fleeg

Muha

Miegeemk

Mravlja

Imm

Čebela

Spinn

Pajek

Sebber

Hrošč

Pogg

Žaba

Katteker

Veverica

Swienegel

Jež

Haas

Zajec

Uul

Sova

Vagel

Ptič

Swaan

Labod

Wildswien

Divji prašič

Hirsch

Jelen

Elk

Los

Staudamm

Jez

Windrad

Vetrnica

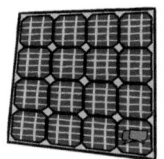

Solarmodul

Solarna plošča

Klima

Podnebje

Spieslokal
Restavracija

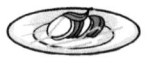

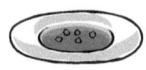

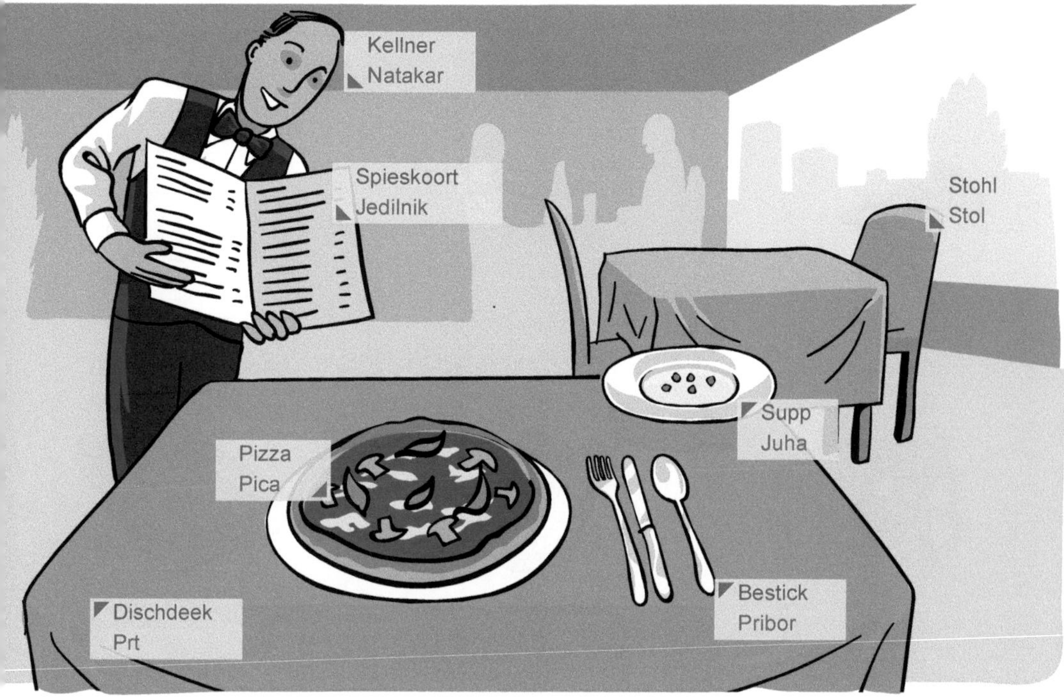
Kellner
Natakar
Spieskoort
Jedilnik
Stohl
Stol
Supp
Juha
Pizza
Pica
Bestick
Pribor
Dischdeek
Prt

Vörspies

Predjed

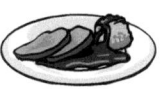

Haupteten

Glavna jed

Nadisch

Sladica

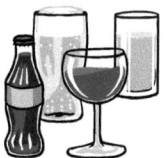

Drünk

Pijače

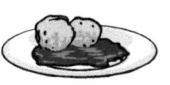

Eten

Hrana

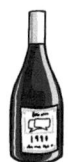

Buddel

Steklenica

Fastfood

Hitra hrana

Strateneten

Ulična hrana

Teekann

Čajnik

Zuckerdoos

Sladkornica

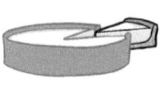

Portschoon

Porcija

Espressomaschien

Aparat za espresso

Hoochstohl

Stolček za hranjenje

Reken

Račun

Tablett

Pladenj

Mess

Nož

Gavel

Vilica

Lepel

Žlica

Teelepel

Čajna žlička

Munddook

Servieta

Glas

Kozarec

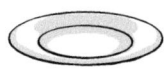

Töller

Krožnik

Suppentöller

Globoki krožnik

Ünnertass

Krožniček

Sooß

Omaka

Soltstreuer

Solnica

Pepermöhl

Mlinček za poper

Etig

Kis

Ööl

Olje

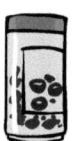

Krüder

Začimbe

Ketchup

Kečap

Mostrich

Gorčica

Mayonnaise

Majoneza

Supermarkt
Supermarket

Anbott
Posebna ponudba
FOR
Kunn
Stranka
Melkprodukten
Mlečni izdelki
Aaft
Sadje
Inkoopswagen
Nakupovalni voziček

BUTCHERS

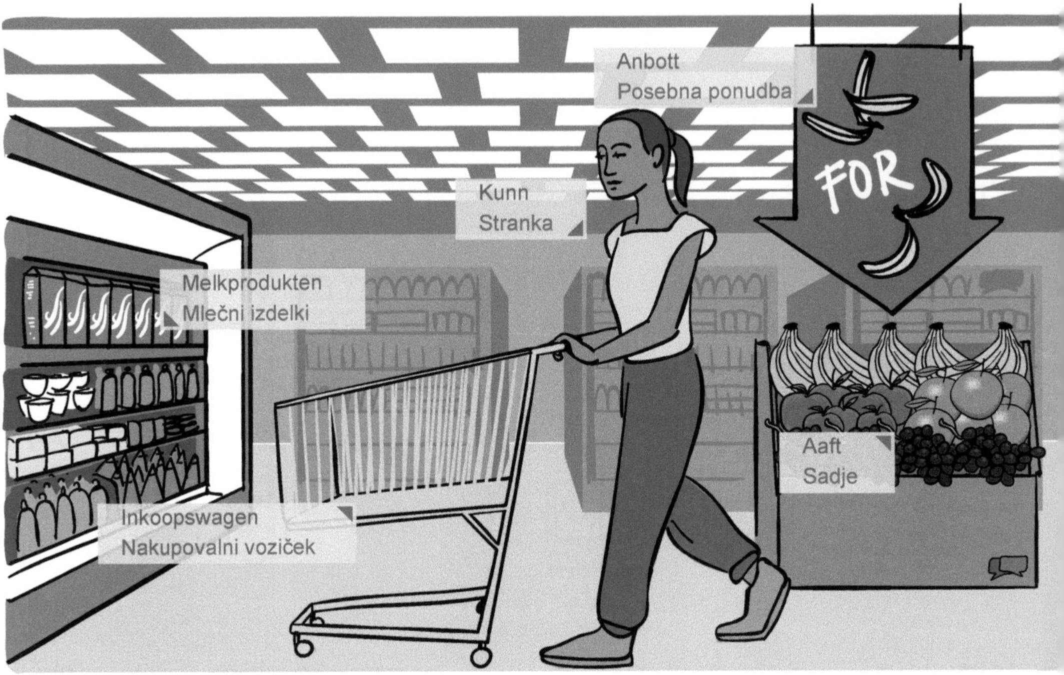

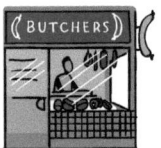

Slachterie

Mesnica

BAKERY

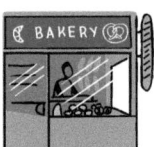

Bäckerie

Pekarna

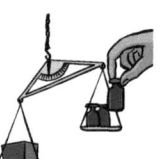

wegen

Tehtati

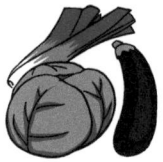

Gröönsaken

Zelenjava

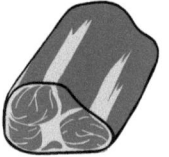

Fleesch

Meso

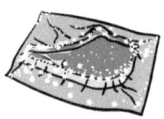

Deepköhlkost

Zamrznjena hrana

Opsnitt

Hladne mesnine

Konserven

Konzerve

Waschmiddel

Pralni prašek

Snoopkraam

Sladkarije

Huushooltssaken

Gospodinjski izdelki

Reinmaaktüüch

Čistilno sredstvo

Verköpersche

Prodajalka

Kass

Blagajna

Kasserer

Blagajnik

Inkoopslist

Nakupovalni seznam

Opsparrtieden

Delovni čas

Breeftasch

Denarnica

Kreditkoort

Kreditna kartica

Tasch

Torba

Plastiktüüt

Plastična vrečka

Water

Voda

Saft

Sok

Melk

Mleko

Cola

Kola

Wien

Vino

Beer

Pivo

Spriet

Alkohol

Kakao

Kakav

Tee

Čaj

Koffie

Kava

Espresso

Espresso

Cappucino

Kapučino

Banaan

Banana

Appel

Jabolko

Appelsien

Pomaranča

Meloon

Lubenica

Zitroon

Limona

Wöttel

Korenje

Knuuvlook

Česen

Bambus

Bambus

Zibbel

Čebula

Poggenstohl

Goba

Nööt

Oreščki

Nudeln

Rezanci

Spaghetti

Špageti

Ries

Riž

Salat

Solata

Pommes frites

Ocvrt krompirček

Braadkantüffeln

Pečen krompir

Pizza

Pica

Hamborger

Hamburger

Sandwich

Sendvič

Snitzel

Zrezek

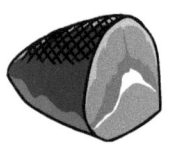

Schinken

Šunka

Salami

Salama

Wust

Klobasa

Hohn

Piščanec

Braden

Pečenka

Fisch

Riba

Haverflocken

Ovseni kosmiči

Müsli

Musli

Cornflakes

Koruzni kosmiči

Mehl

Moka

Croissant

Rogljiček

Rundstück

Žemlja

Broot

Kruh

Toast

Prepečenec

Keksen

Piškoti

Botter

Maslo

Quark

Skuta

Koken

Torta

Ei

Jajce

Spegelei

Pečeno jajce na oko

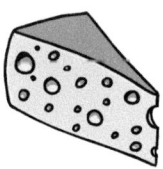

Kees

Sir

Ies

Sladoled

Zucker

Sladkor

Honnig

Med

Marmelaad

Marmelada

Nougat-Creme

Čokoladni namaz

Curry

Kari

Buernhoff
Kmetija

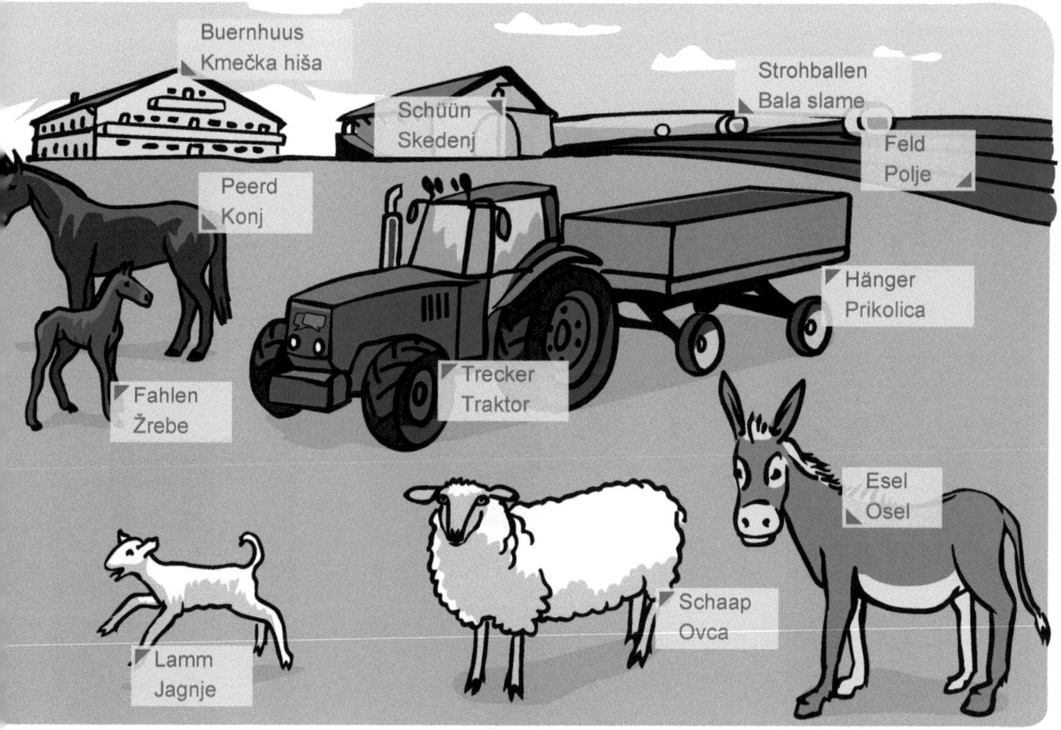
Buernhuus
Kmečka hiša
Schüün
Skedenj
Strohballen
Bala slame
Feld
Polje
Peerd
Konj
Hänger
Prikolica
Trecker
Traktor
Fahlen
Žrebe
Esel
Osel
Schaap
Ovca
Lamm
Jagnje

Zeeg

Koza

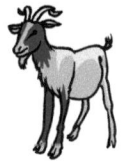

Koh

Krava

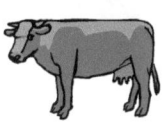

Kalf

Tele

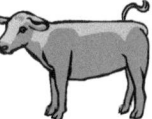

Swien

Prašič

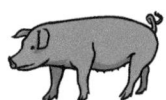

Farken

Pujsek

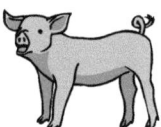

Bull

Bik

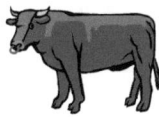

Goos

Gos

Aant

Raca

Küken

Piščanec

Hohn

Kokoš

Hahn

Petelin

Rott

Podgana

Katt

Mačka

Muus

Miš

Oss

Vol

Hund

Pes

Hunnenhütt

Pasja uta

Goornslauch

Cev za zalivanje

Geetkann

Kangla za zalivanje

Lee

Kosa

Ploog

Plug

Sich

Srp

Hack

Motika

Mestfork

Vile

Ext

Sekira

Schuufkoor

Samokolnica

Trog

Korito

Melkkann

Kangla za mleko

Sack

Vreča

Tuun

Ograja

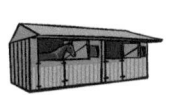

Stall

Hlev

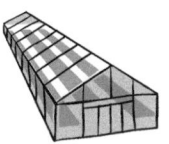

Drievhuus

Rastlinjak

Bodden

Prst

Saat

Seme

Dünger

Gnojilo

Meihdöscher

Kombajn

oornen

Žeti

Oorn

Žetev

Yamswöttel

Jam

Weten

Pšenica

Soja

Soja

Kantüffel

Krompir

Törksche Weten

Koruza

Rapp

Oljna ogrščica

Aaftboom

Sadno drevo

Troopsch Kantüffel

Maniok

Koorn

Žito

Huus
Hiša

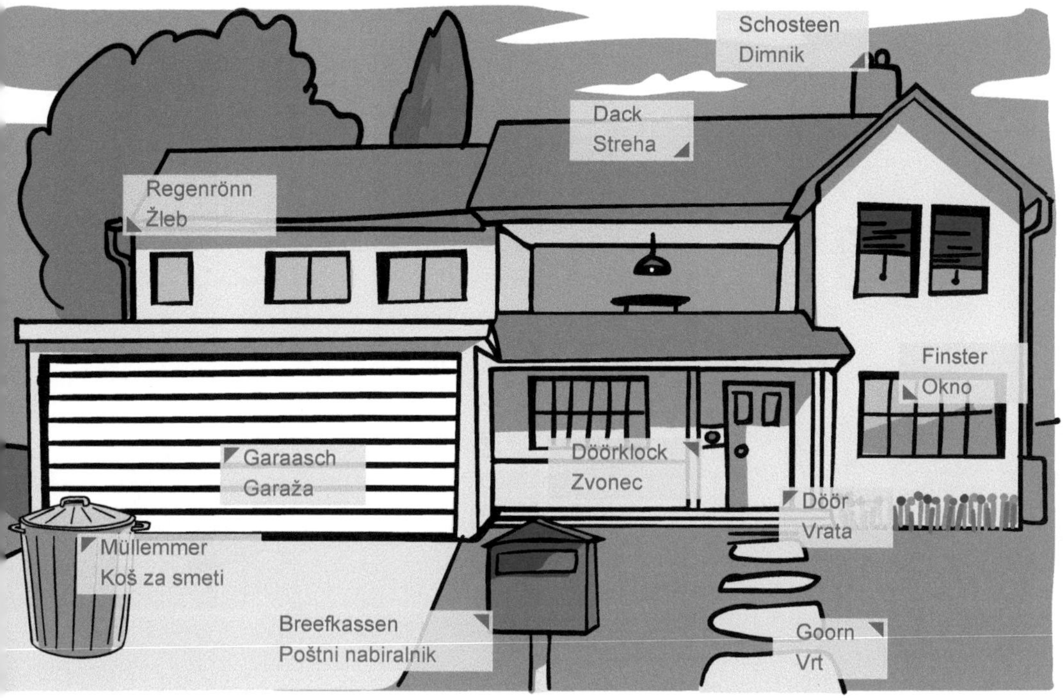

Schosteen
Dimnik
Dack
Streha
Regenrönn
Žleb
Finster
Okno
Garaasch
Garaža
Döörklock
Zvonec
Döör
Vrata
Müllemmer
Koš za smeti
Breefkassen
Poštni nabiralnik
Goorn
Vrt

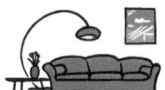

Wahnstuuv

Dnevna soba

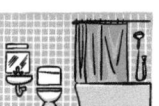

Baadstuuv

Kopalnica

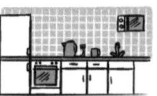

Köök

Kuhinja

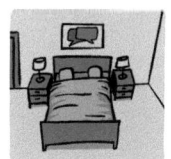

Slaapstuuv

Spalnica

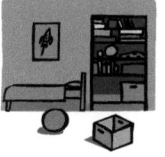

Kinnerstuuv

Otroška soba

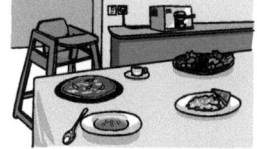

Eetstuuv

Jedilnica

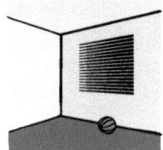

Footbodden

Tla

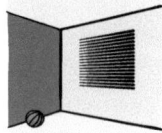

Wand

Stena

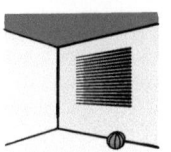

Deek

Strop

Keller

Klet

Hittluftbad

Savna

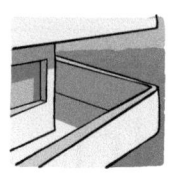

Balkon

Balkon

Terrass

Terasa

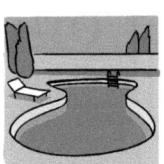

Swümmbad

Bazen

Rasenmeiher

Kosilnica

Bettbetog

Rjuha

Bettdeek

Posteljno pregrinjalo

Puuch

Postelja

Bessen

Metla

Emmer

Vedro

Schalter

Stikalo

Wahnstuuv

Dnevna soba

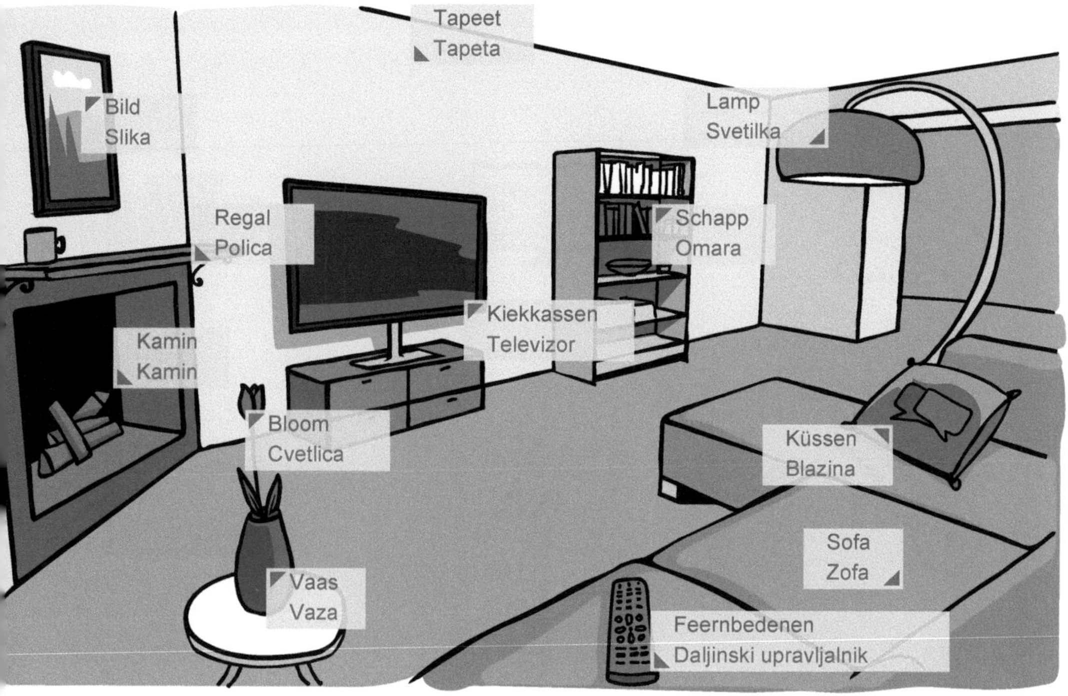

Tapeet
Tapeta
Bild
Slika
Lamp
Svetilka
Regal
Polica
Schapp
Omara
Kiekkassen
Televizor
Kamin
Kamin
Bloom
Cvetlica
Küssen
Blazina
Sofa
Zofa
Vaas
Vaza
Feernbedenen
Daljinski upravljalnik

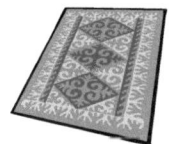

Teppich

Preproga

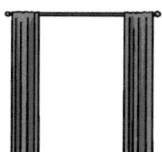

Vörhang

Zavesa

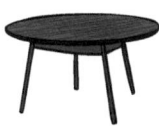

Disch

Miza

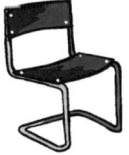

Stohl

Stol

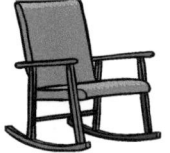

Schuckelstohl

Gugalnik

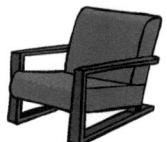

Sessel

Naslanjač

Book

Knjiga

Deek

Odeja

Dekoratschoon

Dekoracija

Füerholt

Drva

Film

Film

Stereoanlaag

Glasbeni stolp

Slötel

Ključ

Narichtenblatt

Časopis

Gemälde

Slika

Poster

Plakat

Radio

Radio

Opschrievblock

Beležka

Huulbessen

Sesalnik

Kaktus

Kaktus

Kars

Sveča

Köök
Kuhinja

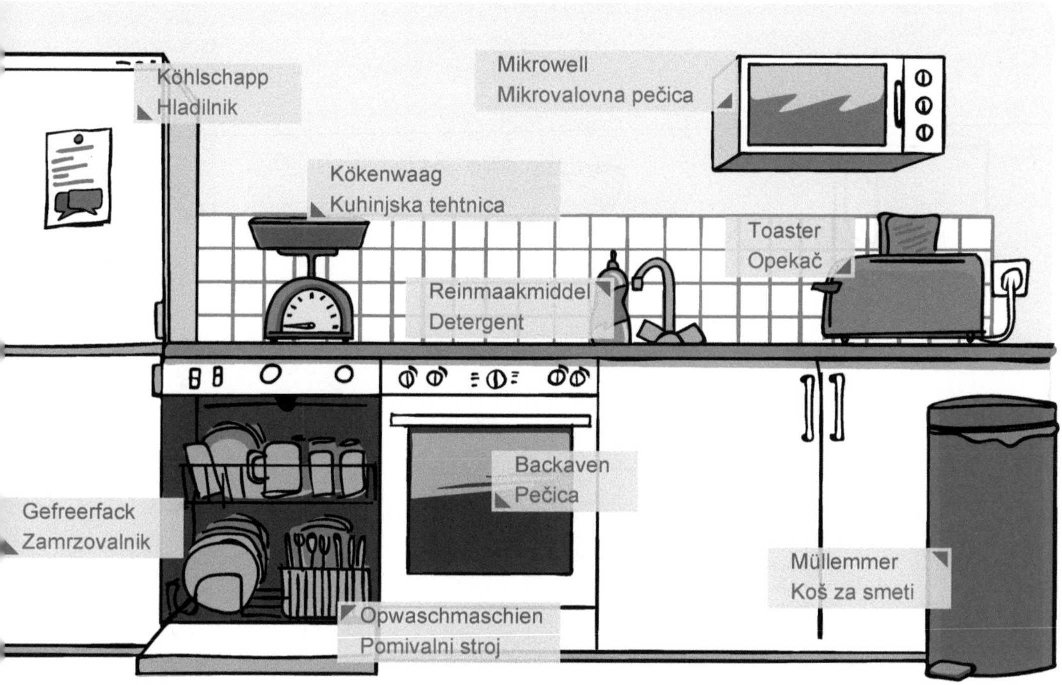
Köhlschapp
Hladilnik
Mikrowell
Mikrovalovna pečica
Kökenwaag
Kuhinjska tehtnica
Toaster
Opekač
Reinmaakmiddel
Detergent
Backaven
Pečica
Gefreerfack
Zamrzovalnik
Müllemmer
Koš za smeti
Opwaschmaschien
Pomivalni stroj

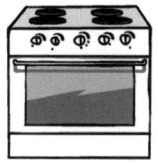

Heerd
Kozica

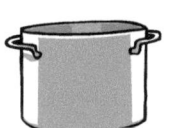

Pott
Lonec

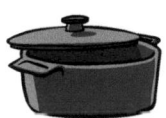

Gussiesern Putt
Litoželezni lonec

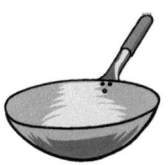

Wok / Kadai
Vok / kadai

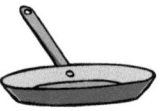

Pann
Ponev

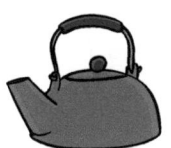

Waterkaker
Kotliček

Dampkaakputt

Parni kuhalnik

Backblick

Pekač

Geschirr

Posoda

Beker

Skodelica

Schaal

Skleda

Eetsticken

Jedilne paličice

Suppenkell

Zajemalka

Pannenwenner

Lopatica

Sneebessen

Metlica

Kaakseef

Cedilnik

Seef

Cedilo

Riev

Strgalo

Mörser

Možnar

Grill

Žar

Füerstell

Ognjišče

Sniedbrett

Deska za rezanje

Nudelholt

Valjar

Proppentrecker

Odpirač za steklenice

Doos

Pločevinka

Dosenaapner

Odpirač za konzerve

Pottlappen

Prijemalka za posodo

Waschbecken

Korito

Böst

Ščetka

Swamm

Goba

Mixer

Mešalnik

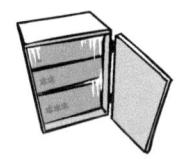

Iesschapp

Zamrzovalna skrinja

Nuckelbuddel

Steklenička

Waterhahn

Pipa

Baadstuuv
Kopalnica

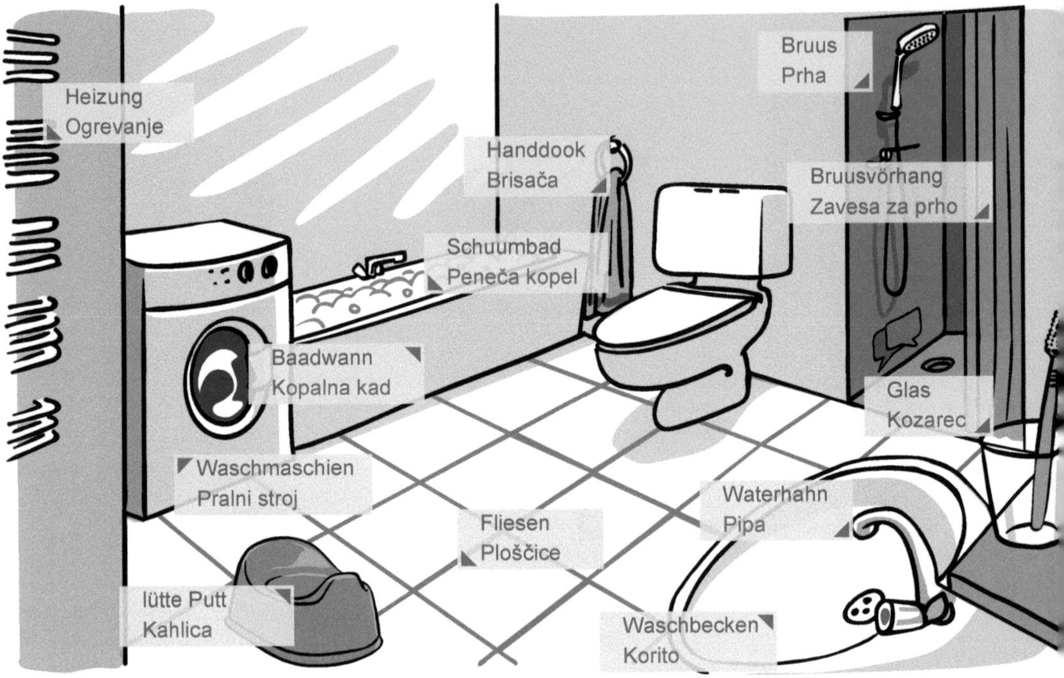
Heizung
Ogrevanje
Handdook
Brisača
Bruus
Prha
Bruusvörhang
Zavesa za prho
Schuumbad
Peneča kopel
Baadwann
Kopalna kad
Glas
Kozarec
Waschmaschien
Pralni stroj
Waterhahn
Pipa
Fliesen
Ploščice
lütte Putt
Kahlica
Waschbecken
Korito

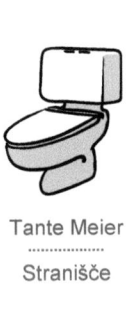

Tante Meier

Stranišče

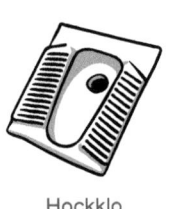

Hockklo

Stranišče na počep

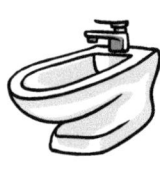

Bidet

Bide

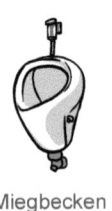

Miegbecken

Pisoar

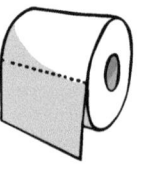

Klopapeer

Toaletni papir

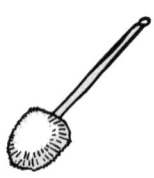

Kloböst

Ščetka za straniščno školjko

Tähnböst

Zobna ščetka

Tähnpast

Zobna pasta

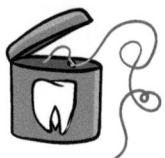

Tähnsied

Zobna nitka

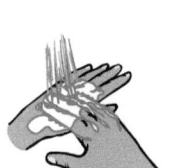

waschen

Umiti se

Handbruus

Ročna prha

Intimbruus

Prha za intimne dele

Waschschöttel

Umivalnik

Rüchböst

Krtača za hrbet

Seep

Milo

Bruusgeel

Gel za prhanje

Hoorwaschmiddel

Šampon

Waschlappen

Krpica za miljenje

Afloop

Odtok

Creme

Krema

Deodorant

Deodorant

Spegel

Ogledalo

Kosmetikspegel

Ročno ogledalo

Raserer

Britvica

Raseerschuum

Pena za britje

Raseerwater

Vodica po britju

Kamm

Glavnik

Böst

Ščetka

Hoordröger

Sušilnik za lase

Hoorspray

Lak za lase

Smink

Ličila

Lippensticken

Šminka

Nagellack

Lak za nohte

Watt

Vatirane blazinice

Nagelscheer

Škarjice za nohte

Rüükwater

Parfum

Kulturbüdel

Toaletna torbica

Schemel

Stol brez naslonjala

Waag

Osebna tehtnica

Baadmantel

Kopalni plašč

Gummihanschen

Gumijaste rokavice

Tampon

Tampon

Damenbinn

Damski vložki

Chemieklo

Kemično stranišče

Kinnerstuuv
Otroška soba

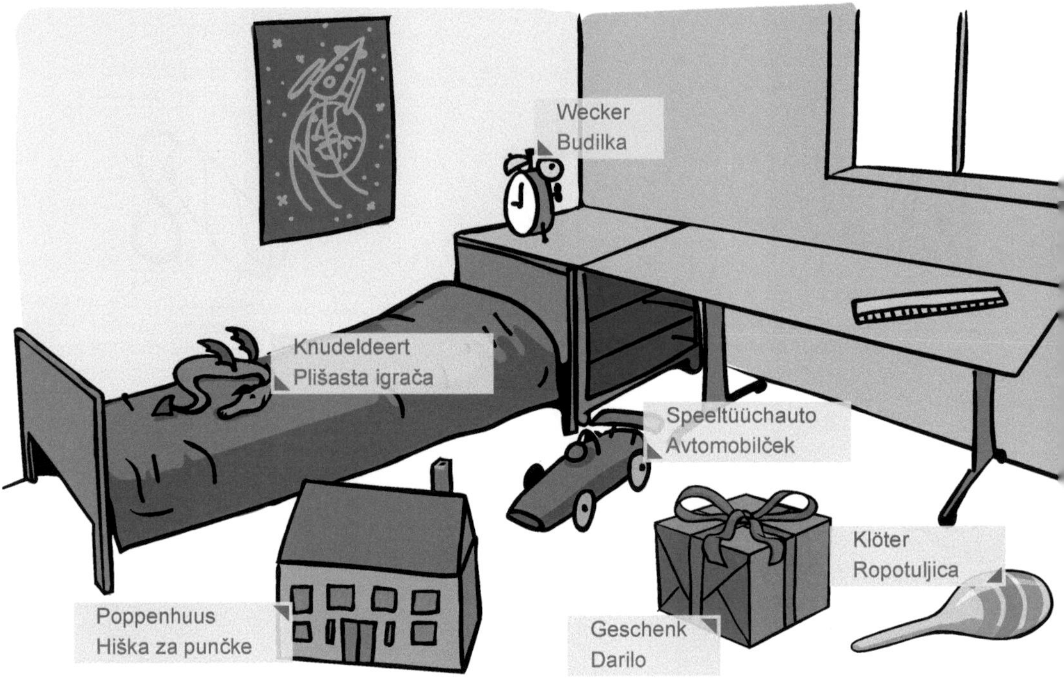
Wecker
Budilka
Knudeldeert
Plišasta igrača
Speeltüüchauto
Avtomobilček
Klöter
Ropotuljica
Poppenhuus
Hiška za punčke
Geschenk
Darilo

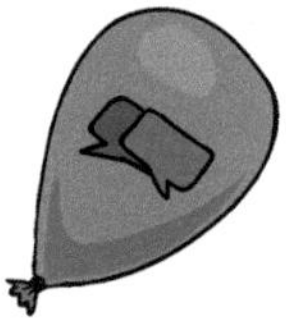

Luftballon

Balon

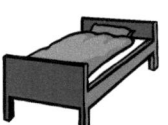

Puuch

Postelja

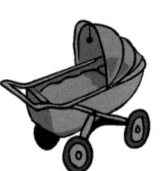

Kinnerwagen

Otroški voziček

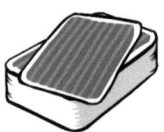

Koortenspeel

Igralne karte

Puzzle

Sestavljanka

SUPER
MEGA

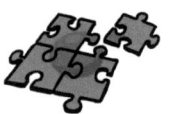

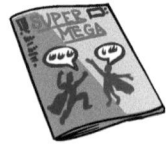

Billergeschicht

Strip

Legostenen

Lego kocke

Bustenen

Igralne kocke

Action-Figur

Akcijska figura

Strampelantog

Bodi

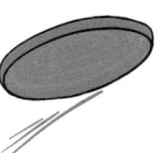

Frisbeeschiev

Frizbi

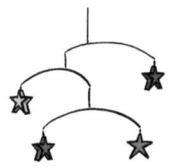

Mobile

Vrtiljak za posteljico

Brettspeel

Namizna igra

Wörpel

Kocka

Modelliesenbahn

Komplet modelov vlakov

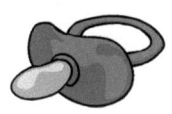

Snuller

Duda

Party

Zabava

Billerbook

Slikanica

Ball

Žoga

Popp

Lutka

spelen

Igrati se

Sandkassen

Peskovnik

Schuckel

Gugalnica

Speeltüüch

Igrače

Speelkonsool

Igralna konzola

Dreerad

Tricikel

Teddyboor

Plišasti medvedek

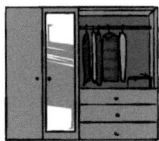

Klederschapp

Garderoba

Tüüch

Oblačilo

Socken

Nogavice

Strümp

Samostoječe nogavice

Strumpbüx

Hlačne nogavice

44

Halsdook
Šal

Liefreem
Pas

Paraplü
Dežnik

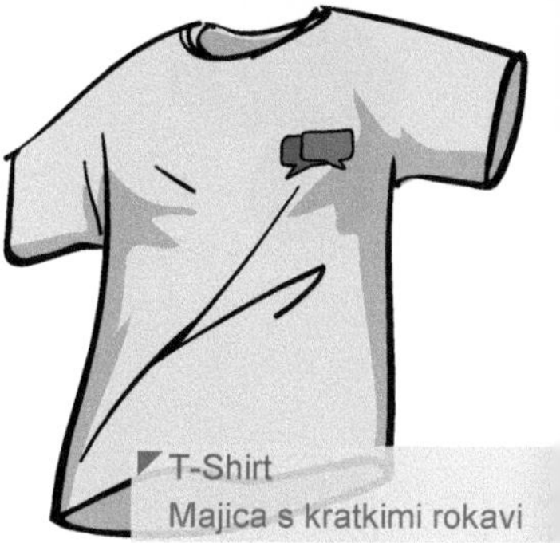

T-Shirt
Majica s kratkimi rokavi

Turnschoh
Športni copati

Stevel
Škornji

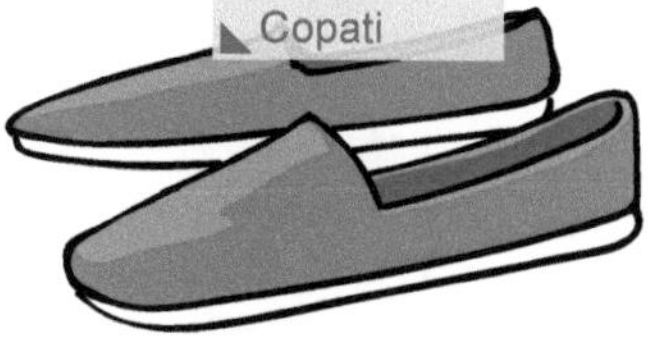

Puuschen
Copati

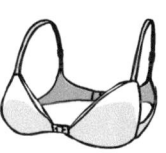

Sandalen

Sandali

Schoh

Čevlji

Gummistevel

Gumijasti škornji

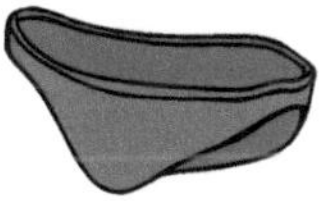

Ünnerbüx

Spodnje hlače

Bostholler

Modrček

Ünnerhemd

Telovnik

Lief

Bodi

Büx

Hlače

Jeansnüx

Kavbojke

Rock

Krilo

Bluus

Bluza

Hemd

Srajca

Pullover

Pulover

Kapuzenpullover

Pletena jopica

Blazer

Jopa

Jack

Jakna

Mantel

Plašč

Övertrecker

Dežni plašč

Kostüm

Kostim

Kleed

Obleka

Hochtietskleed

Poročna obleka

Antog

Obleka

Nachtkleed

Spalna srajca

Slaapantog

Pižama

Sari

Sari

Koppdook

Naglavna ruta

Turban

Turban

Burka

Burka

Kaftan

Kaftan

Abaya

Abaja

Baadantog

Kopalke

Baadbüx

Kopalne hlače

Korte Büx

Kratke hlače

Antog to'n Öven

Trenirka

Schört

Predpasnik

Handschoh

Rokavice

Knopp

Gumb

Brill

Očala

Armband

Zapestnica

Halskeed

Verižica

Ring

Prstan

Ohrbummel

Uhan

Mütz

Kapa

Klederbögel

Obešalnik

Hoot

Klobuk

Binner

Kravata

Rietslüter

Zadrga

Helm

Čelada

Drachtband

Naramnice

Schooluniform

Šolska uniforma

Uniform

Uniforma

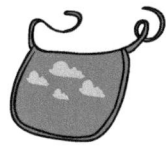

Severböten

Slinček

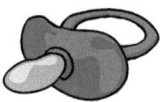

Snuller

Duda

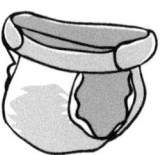

Winnel

Plenica

Büro
Pisarna

Server
Strežnik
Aktenschapp
Kartotečna omara
Drucker
Tiskalnik
Papeer
Papir
Bildschirm
Monitor
Muus
Miška
Schrievdisch
Pisalna miza
Orner
Mapa
Knoopboord
Tipkovnica
Papeerkorf
Koš za smeti
Computer
Računalnik
Stohl
Stol

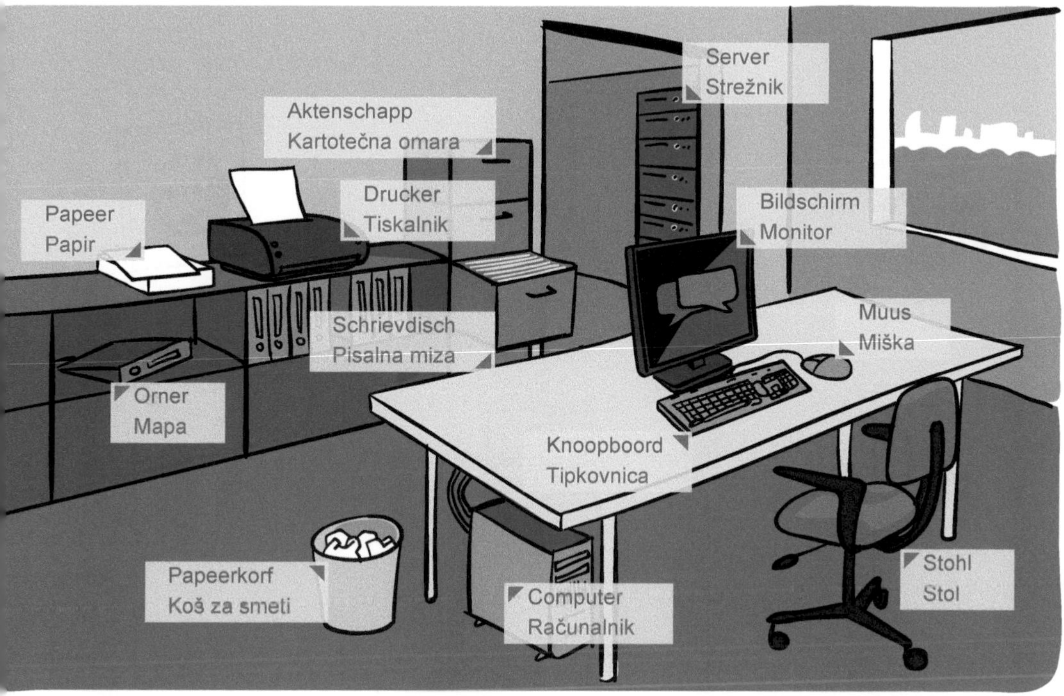

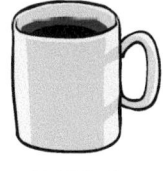

Koffiebeker

Lonček za kavo

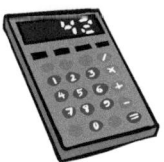

Taschenreekner

Kalkulator

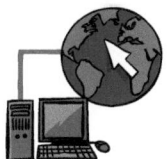

Internet

Internet

Klappreekner

Prenosnik

Breef

Pismo

Naricht

Sporočilo

Ackersnacker

Mobilnik

Nettwark

Omrežje

Kopeerapparat

Kopirni stroj

Software

Programska oprema

Klöönkassen

Telefon

Steekdoos

Vtičnica

Faxapparat

Telefaks

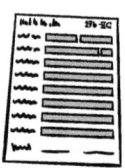

Formulor

Obrazec

Dokument

Dokument

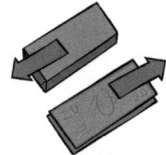

köpen

Kupiti

betahlen

Plačati

hanneln

Trgovati

Geld

Denar

Dollar

Dolar

Euro

Evro

Yen

Jen

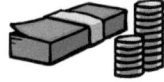

Ruvel

Rubelj

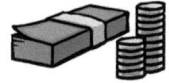

Swiezer Franken

Švičarski frank

Renminbi Yuan

Kitajski juan renminbi

Rupie

Rupija

Geldautomat

Bankomat

Wesselstuuv

Menjalnica

Gold

Zlato

Sülver

Srebro

Ööl

Nafta

Energie

Energija

Pries

Cena

Verdrag

Pogodba

Stüer

Davek

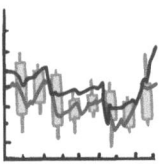

Andeelschien

Delnice

arbeiden

Delati

Anstellte

Delojemalec

Arbeitgever

Delodajalec

Fabrik

Tovarna

Hökerie

Trgovina

Profeschonen
Poklici

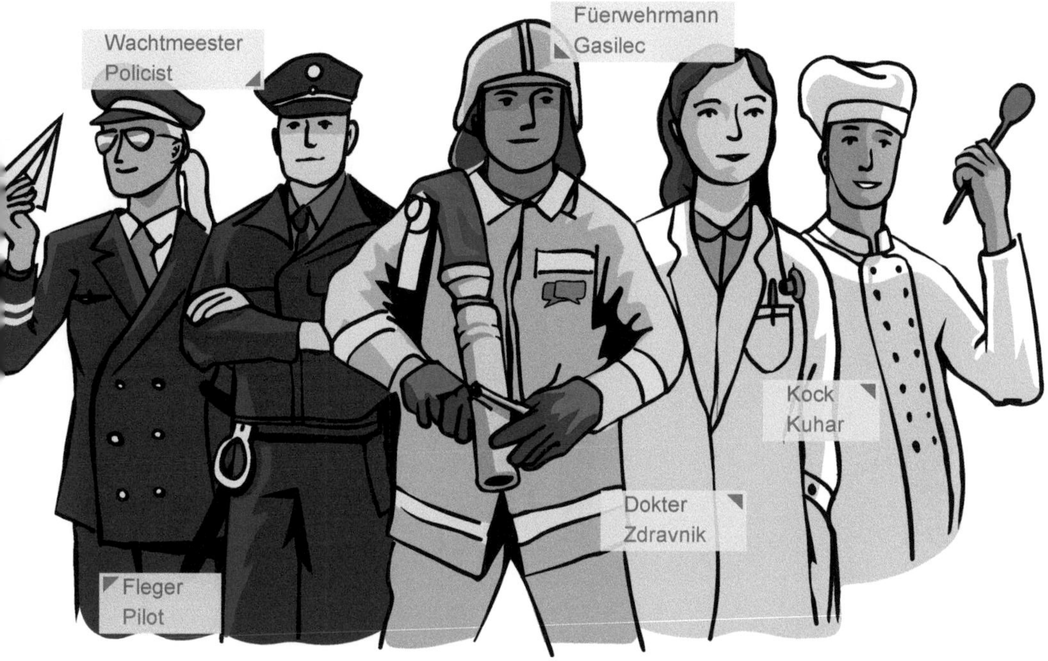

Wachtmeester
Policist
Füerwehrmann
Gasilec
Kock
Kuhar
Dokter
Zdravnik
Fleger
Pilot

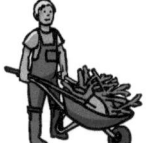

Goorner
Vrtnar

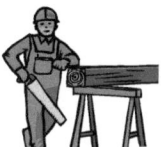

Discher
Mizar

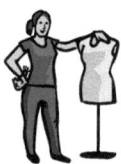

Neihersche
Šivilja

Richter
Sodnik

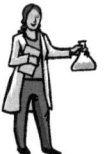

Chemiker
Kemik

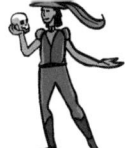

Schauspeler
Igralec

Busfohrer

Voznik avtobusa

Taxifohrer

Taksist

Fischer

Ribič

Reinmaakfru

Čistilka

Dackdecker

Krovec

Kellner

Natakar

Jäger

Lovec

Maler

Pleskar

Bäcker

Pek

Elektriker

Električar

Buarbeider

Gradbenik

Ingenieur

Inženir

Slachter

Mesar

Klempner

Vodovodni inštalater

Postbüdel

Poštar

Suldat

Vojak

Architekt

Arhitekt

Kasserer

Blagajnik

Florist

Cvetličar

Putzbüdel

Frizer

Schaffner

Sprevodnik

Mechaniker

Mehanik

Kaptein

Kapitan

Tähndokter

Zobozdravnik

Wetenschopler

Znanstvenik

Rabbi

Rabin

Imam

Imam

Mönk

Menih

Paap

Duhovnik

Warktüüch
Orodje

Hamer
Kladivo
Tang
Klešče
Schruvendreiher
Izvijač
Schruvenslötel
Vijačni ključ
Taschenlamp
Žepna svetilka
15
15

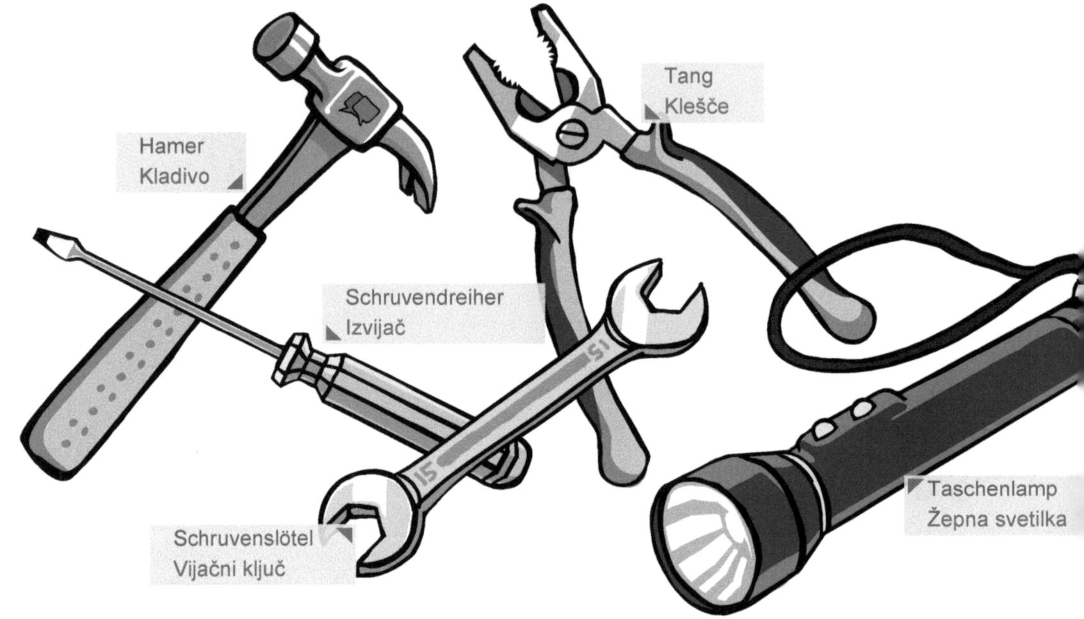

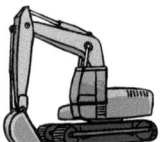

Grieper
Bager

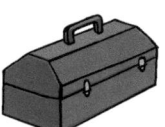

Warktüüchkassen
Zaboj z orodjem

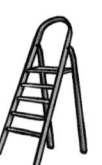

Ledder
Lestev

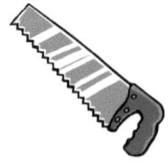

Saag
Žaga

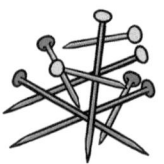

Nagels
Žeblji

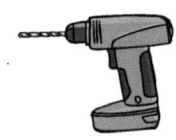

Bohrer
Vrtalnik

heelmaken

Popraviti

Schüffel

Lopata

Schiet!

Šment!

Kehrblick

Smetišnica

Farvpott

Posoda z barvo

Schruven

Vijaki

Musikinstrumenten
Glasbeni instrument

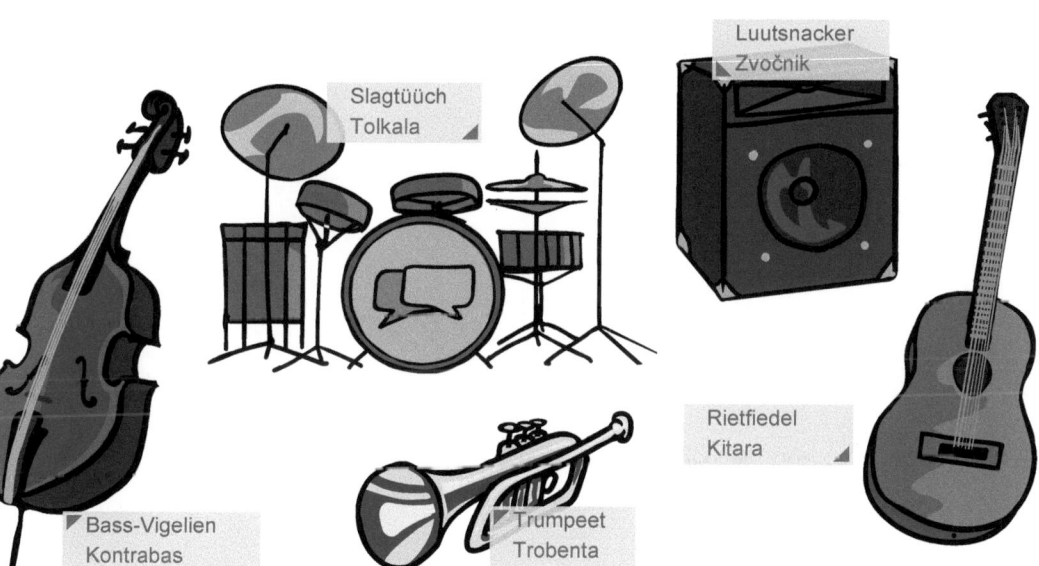

Slagtüüch
Tolkala

Luutsnacker
Zvočnik

Rietfiedel
Kitara

Bass-Vigelien
Kontrabas

Trumpeet
Trobenta

Klaveer

Klavir

Vigelien

Violina

Bass

Bas kitara

Pauk

Pavke

Trummeln

Bobni

Keyboard

Sintetizator

Saxophon

Saksofon

Fleut

Flavta

Mikrofoon

Mikrofon

Deertenpark
Živalski vrt

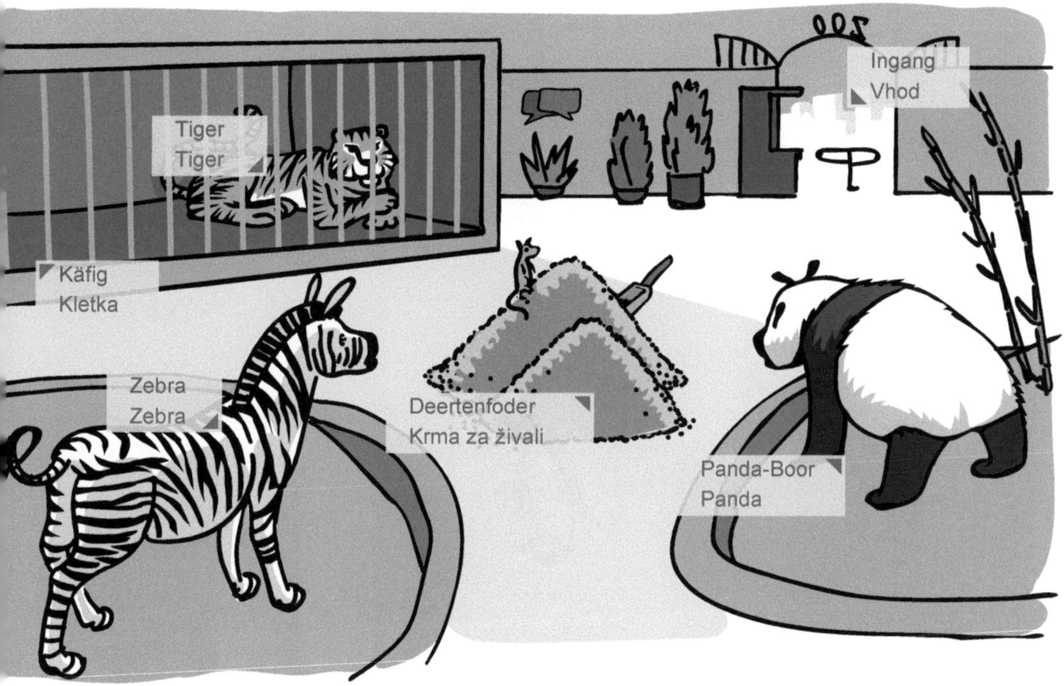
Tiger
Tiger
Ingang
Vhod
Käfig
Kletka
Zebra
Zebra
Deertenfoder
Krma za živali
Panda-Boor
Panda

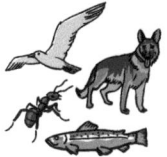

Deerten

Živali

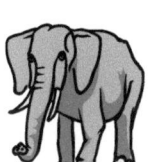

Elefant

Slon

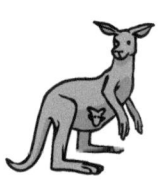

Känguru

Kenguru

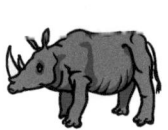

Neeshoorn

Nosorog

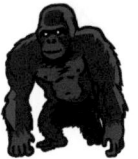

Gorilla

Gorila

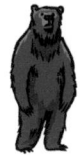

Boor

Medved

Kameel

Kamela

Struuß

Noj

Lööv

Lev

Aap

Opica

Flamingo

Plamenec

Papagoi

Papagaj

Iesboor

Severni medved

Pinguin

Pingvin

Haifisch

Morski pes

Pageluun

Pav

Slang

Kača

Krokodil

Krokodil

Oppasser in'n Deertenpark

Oskrbnik v živalskem vrtu

Saalhund

Tjulenj

Jaguor

Jaguar

Pony
Poni

Leopard
Leopard

Nilpeerd
Povodni konj

Giraff
Žirafa

Aadler
Orel

Wildswien
Divji prašič

Fisch
Riba

Schildkrööt
Želva

Walross
Mrož

Voss
Lisica

Gazell
Gazela

Amerikaansch Football
Ameriški nogomet

Radfohren
Kolesarjenje

Tennis
Tenis

Korfball
Košarka

Swümmen
Plavanje

Boxen
Boks

Ieshockey
Hokej

Football
....
Nogomet

Fedderball
....
Badminton

Leichtathletik
....
Atletika

Handball
....
Rokomet

Skilopen
....
Smučanje

Polo
....
Polo

Aktivitäten
Dejavnosti

springen
Skočiti
lachen
Smejati se
ümarmen
Objeti
gahn
Hoditi
singen
Peti
drömen
Sanjati
beden
Moliti
snuteln
Poljubiti

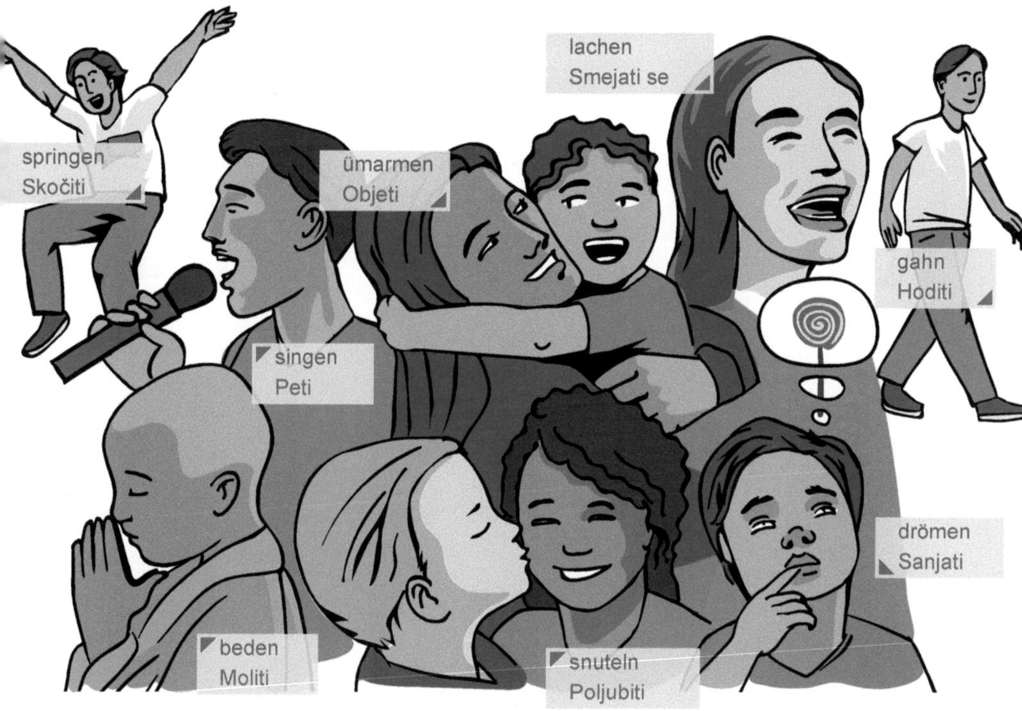

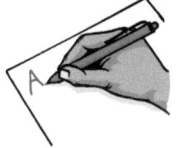

schrieven
Pisati

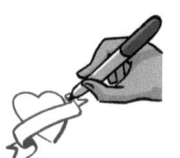

teken
Risati

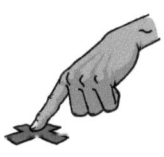

wiesen
Pokazati

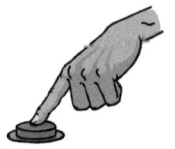

drücken
Potisniti

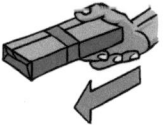

geven
Dati

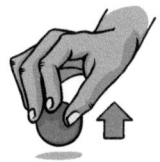

nehmen
Vzeti

hebben

Imeti

doon

Narediti

sien

Biti

stahn

Stati

lopen

Teči

trecken

Vleči

smieten

Vreči

fallen

Pasti

liggen

Ležati

töven

Čakati

dregen

Nositi

sitten

Sedeti

antrecken

Obleči se

slapen

Spati

opwaken

Zbuditi se

ankieken

Gledati

wenen

Jokati

eien

Božati

kämmen

Česati se

snacken

Govoriti

verstahn

Razumeti

fragen

Vprašati

hören

Poslušati

drinken

Piti

eten

Jesti

oprümen

Pospraviti

leefhebben

Ljubiti

kaken

Kuhati

fohren

Voziti

flegen

Leteti

segeln

Jadrati

reken

Računanje

lesen

Brati

lehren

Učiti se

arbeiden

Delati

de Plünnen tohoopsmieten

Poročiti se

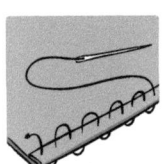

neihen

Šivati

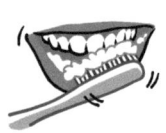

Tähnen putzen

Ščetkati si zobe

dootmaken

Ubiti

smöken

Kaditi

schicken

Poslati

Grootmoder
Stara mati

Grootvadder
Stari oče

Vadder
Oče

Moder
Mati

Winnelkind
Dojenček

Dochter
Hči

Söhn
Sin

Gast

Gost

Tant

Teta

Unkel

Stric

Broder

Brat

Süster

Sestra

Lief

Telo

Vörkopp
Čelo
Oog
Oko
Schuller
Rama
Finger
Prst
Gesicht
Obraz
Kinn
Brada
Hand
Dlan
Bost
Prsi
Been
Noga
Arm
Roka

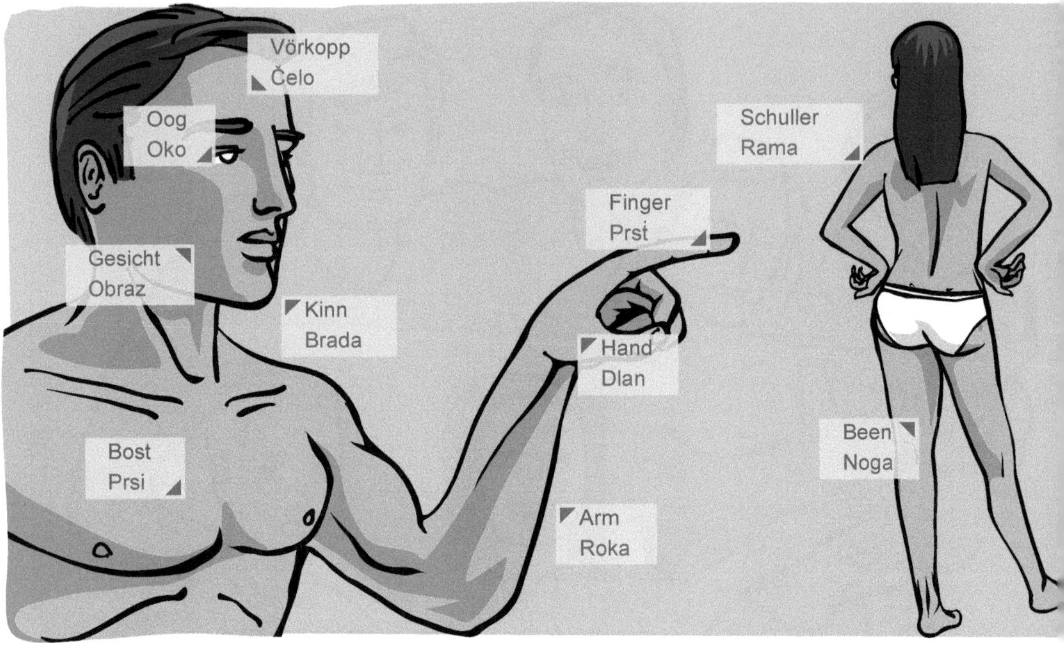

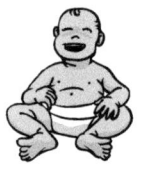

Winnelkind

Dojenček

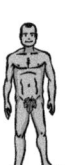

Mann

Človek

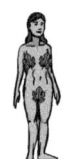

Fro

Ženska

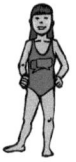

Deern

Dekle

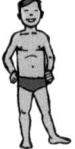

Jung

Fant

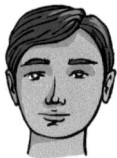

Arm

Glava

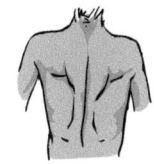

Rüch

Hrbet

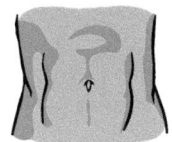

Buuk

Trebuh

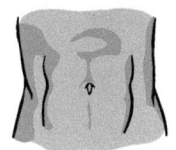

Navel

Popek

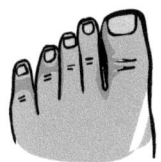

Teh

Prst na nogi

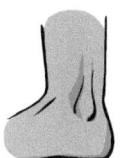

Hack

Peta

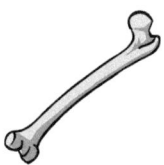

Knaken

Kost

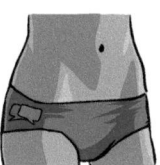

Hüft

Kolk

Knee

Koleno

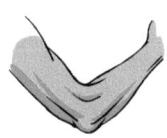

Ellbagen

Komolec

Nees

Nus

Achtersen

Zadnjica

Huut

Koža

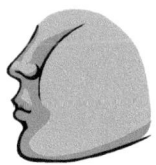

Back

Lice

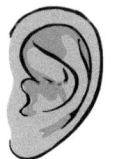

Ohr

Uho

Lipp

Ustnica

Mund

Usta

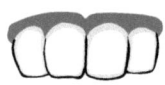

Tähn

Zob

Tung

Jezik

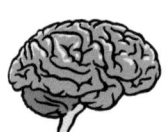

Bregen

Možgani

Hart

Srce

Muskel

Mišica

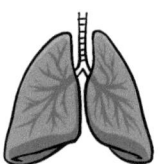

Lung

Pljuča

Lever

Jetra

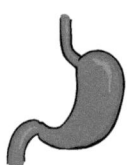

Maag

Želodec

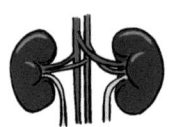

Neren

Ledvice

Bislaap

Spolni odnos

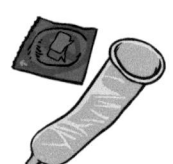

Kondoom

Kondom

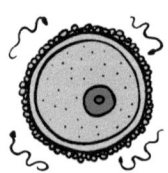

Eizell

Jajčece

Sperma

Semenska tekočina

Anner Ümstänn

Nosečnost

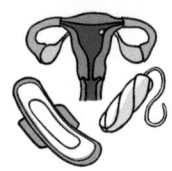

Menstruatschoon
....
Menstruacija

Scheed
....
Vagina

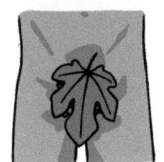

Pint
....
Penis

Ogenbroe
....
Obrv

Hoor
....
Lasje

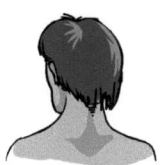

Hals
....
Vrat

Krankenhuus
Bolnišnica

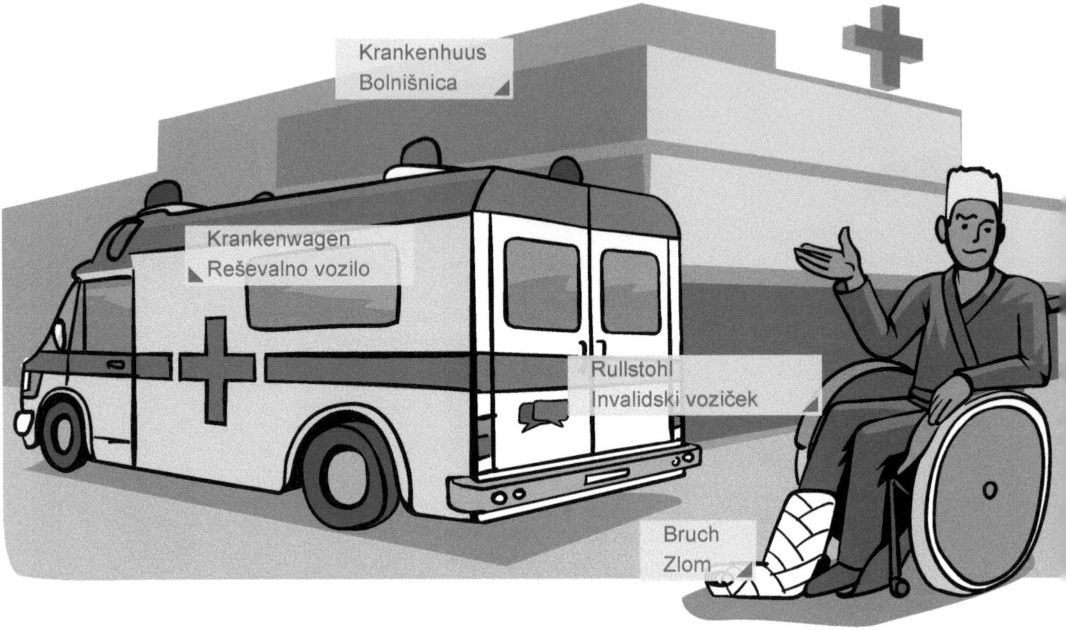

Krankenwagen
Reševalno vozilo

Rullstohl
Invalidski voziček

Bruch
Zlom

Dokter
Zdravnik

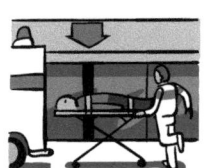

Nootopnahm
Urgenca

Krankensüster
Medicinska sestra

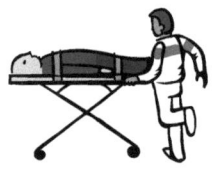

Nootfall
Nujni primer

ahnmächtig
Nezavesten

Wehdaag
Bolečina

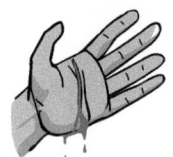

Verwunnen

Poškodba

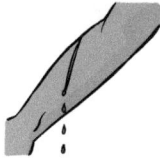

Blöden

Krvavenje

Hartinfarkt

Srčni infarkt

Slaganfall

Kap

Allergie

Alergija

Hoosten

Kašelj

Fever

Vročina

Gripp

Gripa

Dörchfall

Driska

Koppwehdaag

Glavobol

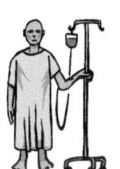

Kreeft

Rak

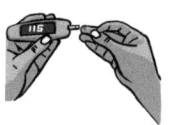

Zuckersüük

Sladkorna bolezen

Chirurg

Kirurg

Chirurgsch Mess

Skalpel

Operatschoon

Operacija

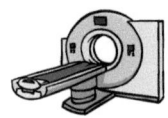

CT

CT

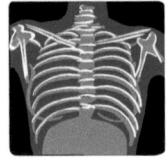

Dörchlüchten

Rentgen

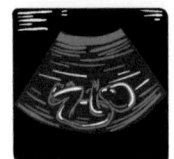

Ultraschall

Ultrazvok

Mask

Obrazna maska

Krankheit

Bolezen

Töövruum

Čakalnica

Krück

Bergla

Plaaster

Obliž

Verband

Preveza

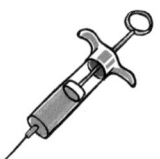

Insprütten

Injekcija

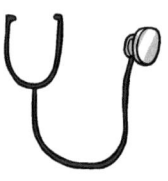

Stethoskop

Stetoskop

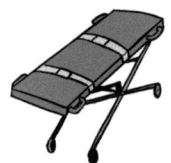

Draag

Nosila

Feverthermometer

Klinični termometer

Geboort

Porod

Övergewicht

Prekomerna teža

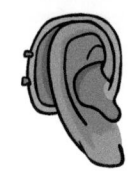

Höörapparat

Slušni pripomoček

Kiemfriemiddel

Razkužilo

Ansteken

Okužba

Virus

Virus

HIV / AIDS

HIV / AIDS

Heelmiddel

Medicina

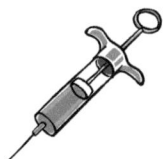

Impen

Cepljenje

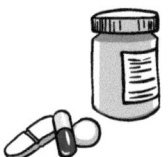

Tabletten

Tablete

Pill

Tableta

Nootroop

Klic v sili

Blootdruck-Meter

Merilnik krvnega tlaka

krank / gesund

bolano / zdravo

Hölp!

Na pomoč!

Alarm

Alarm

Överfall

Napad

Angreep

Napad

Gefohr

Nevarnost

Nootutgang

Izhod v sili

Füer!

Gori!

Füerlöscher

Gasilni aparat

Unfall

Nezgoda

Noothölpkoffer

Komplet za prvo pomoč

SOS

SOS

Polizei

Policija

Europa

Evropa

Noordamerika

Severna Amerika

Süüdamerika

Južna Amerika

Afrika

Afrika

Asien

Azija

Australien

Avstralija

Atlantik

Atlantski ocean

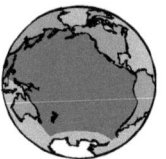

Pazifik

Tihi ocean

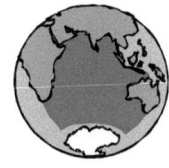

Indisch Weltmeer

Indijski ocean

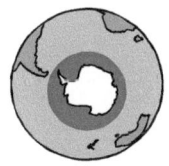

Antarktisch Weltmeer

Južni ocean

Arktisch Weltmeer

Arktični ocean

Noordpol

Severni tečaj

Süüdpol
Južni tečaj

Antarktis
Antarktika

Eerd
Zemlja

Land
Kopno

See
Morje

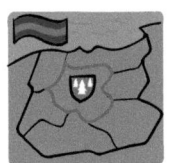

Eiland
Otok

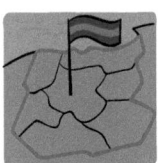

Natschoon
Narod

Staat
Država

Tallenblatt

Številčnica

Stunnenwieser

Urni kazalec

Minutenwieser

Minutni kazalec

Sekunnenwieser

Sekundni kazalec

Wo laat is dat?

Koliko je ura?

Dag

Dan

Tiet

Čas

nu

Zdaj

digetaalsch Klock

Digitalna ura

Minuut

Minuta

Stunn

Ura

Week

Teden

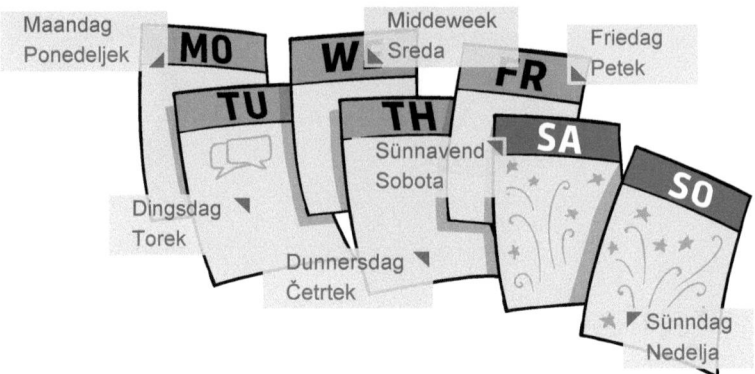

Maandag / Ponedeljek — MO
Dingsdag / Torek — TU
Middeweek / Sreda — W
Dunnersdag / Četrtek — TH
Friedag / Petek — FR
Sünnavend / Sobota — SA
Sünndag / Nedelja — SO

güstern
Včeraj

hüüt
Danes

morgen
Jutri

Morgen
Jutro

Meddag
Poldne

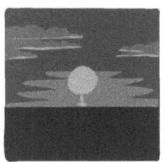

Avend
Večer

Arbeitsdaag
Delovni dnevi

Wekenenn
Konec tedna

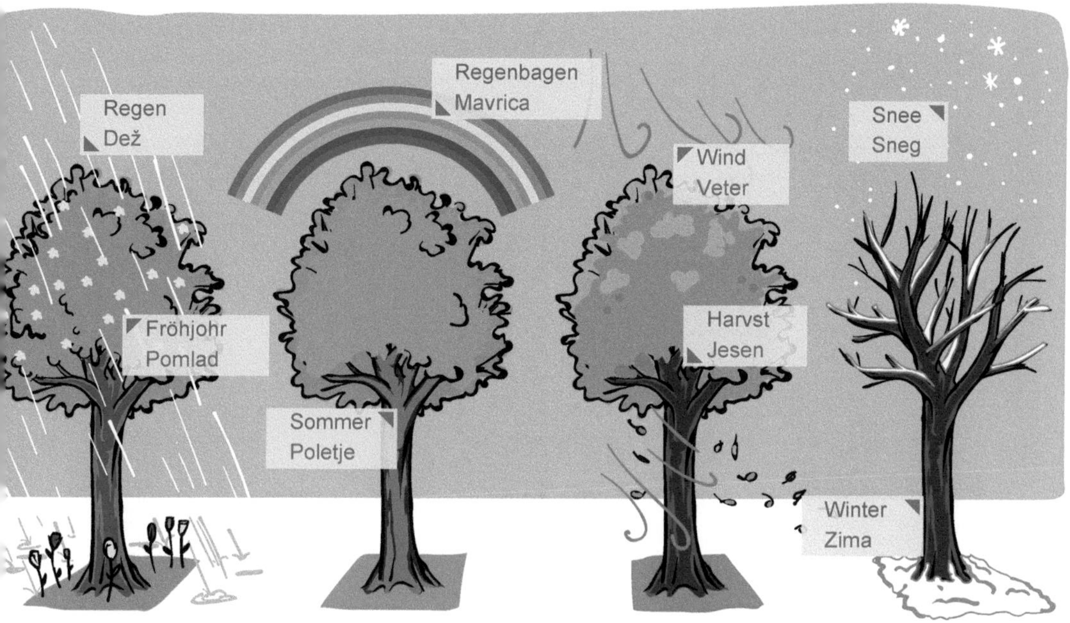

Regen
Dež

Regenbagen
Mavrica

Wind
Veter

Snee
Sneg

Fröhjohr
Pomlad

Harvst
Jesen

Sommer
Poletje

Winter
Zima

Wedervorhersaag

Vremenska napoved

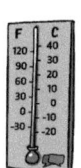

Thermometer

Termometer

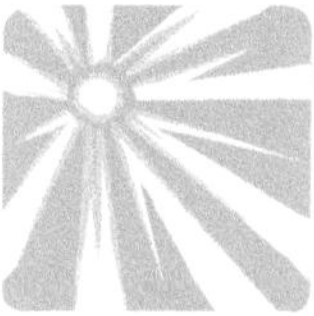

Sünnenschien

Sončna svetloba

Wulk

Oblak

Nevel

Megla

Luftfuchtigkeit

Vlažnost

Blitz

Strela

Dunner

Grom

Storm

Nevihta

Hagel

Toča

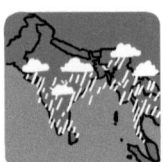

Monsun

Monsun

Floot

Poplava

Ies

Led

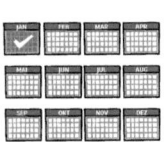

Januormaand

Januar

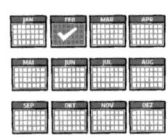

Februormaand

Februar

Martmaand

Marec

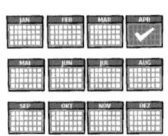

Aprilmaand

April

Maimaand

Maj

Junimaand

Junij

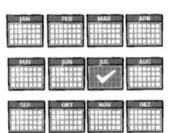

Julimaand

Julij

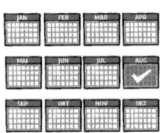

Augustmaand

Avgust

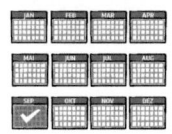

Septembermaand
....
September

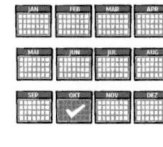

Oktobermaand
....
Oktober

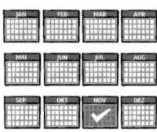

Novembermaand
....
November

Dezembermaand
....
December

Formen
Oblike

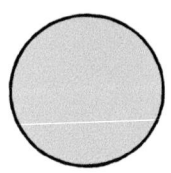

Krink
....
Krogla

Quadrat
....
Kvadrat

Rechteck
....
Pravokotnik

Dreeeck
....
Trikotnik

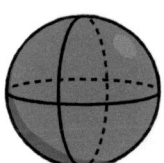

Kugel
....
Krogla

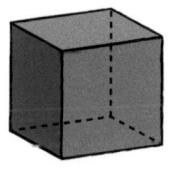

Wörpel
....
Kocka

Farven
Barve

witt
....
Bela

geel
....
Rumena

orangsch
....
Oranžna

pink
....
Rožnata

root
....
Rdeča

lila
....
Vijolična

blau
....
Modra

gröön
....
Zelena

bruun
....
Rjava

gries
....
Siva

swart
....
Črna

veel / wenig

veliko / malo

böös / verdreeglich

jezno / umirjeno

smuck / mies

lepo / grdo

Begünn / Enn

začetek / konec

groot / lütt

veliko / majhno

hell / düüster

svetlo / temno

Broder / Süster

brat / sestra

schier / schietig

čisto / umazano

kumpleet / nich kumpleet

popolno / nepopolno

Dag / Nacht

dan / noč

doot / lebennig

mrtvo / živo

breet / small

široko / ozko

geneetbor / nich geneetbor

užitno / neužitno

böös / fründlich

zlobno / prijazno

fickerig / langwielt

vznemirjeno / zdolgočaseno

dick / dünn

debelo / vitko

toeerst / toletzt

prvo / zadnje

Fründ / Fiend

prijatelj / sovražnik

vull / leddig

polno / prazno

hart / week

trdo / mehko

swoor / licht

težko / lahko

Smacht / Döst

lakota / žeja

krank / gesund

bolano / zdravo

nich na't Recht / na't Recht

nezakonito / zakonito

klook / dummerhaftig

pametno / neumno

linkerhand / rechterhand

levo / desno

neeg / feern

blizu / daleč

nieg / bruukt

novo / rabljeno

nix / wat

nič / nekaj

oolt / jung

staro / mlado

an / ut

vklopljeno / izklopljeno

apen / slaten

odprto / zaprto

lies / luut

tiho / glasno

riek / arm

bogato / revno

richtig / verkehrt

prav / narobe

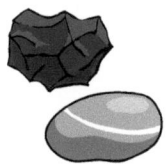

ruug / glatt

grobo / gladko

trurig / glücklich

žalostno / veselo

kort / lang

kratko / dolgo

suutje / flink

počasi / hitro

natt / dröög

mokro / suho

warm / köhl

toplo / hladno

Krieg / Freden

vojna / mir

Tallen

Števila

0
null
Ničla

1
een
Ena

2
twee
Dva

3
dree
Tri

4
veer
Štiri

5
fief
Pet

6
söss
Šest

7
söven
Sedem

8
acht
Osem

9
negen
Devet

10
teihn
Deset

11
ölven
Enajst

12
twölf
Dvanajst

13
dörteihn
Trinajst

14
veerteihn
Štirinajst

15
föffteihn
Petnajst

16
sössteihn
Šestnajst

17
söventeihn
Sedemnajst

18
achtteihn
Osemnajst

19
negenteihn
Devetnajst

20
twintig
Dvajset

100
hunnert
Sto

1.000
dusend
Tisoč

1.000.000
million
Milijon

Spraken
Jeziki

Engelsch

Angleščina

Amerikaansch Engelsch

Ameriška angleščina

Chineesch Mandarin

Mandarinščina

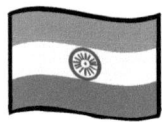

Hindi

Hindujščina

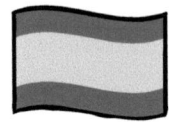

Spaansch

Španščina

Franzöösch

Francoščina

Araabsch

Arabščina

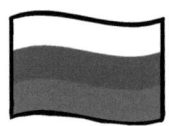

Rusch

Ruščina

Portugiesch

Portugalščina

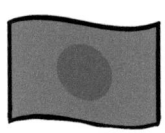

Bengaalsch

Bengalščina

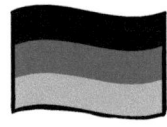

Düütsch

Nemščina

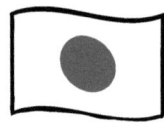

Japaansch

Japonščina

ik

Jaz

du

Ti

he / se / dat

On / ona / tisto

wi

Mi

ji

Vi

se

Oni

keen?

Kdo?

wat?

Kaj?

woans?

Kako?

woneem?

Kje?

wannehr?

Kdaj?

Naam

Ime

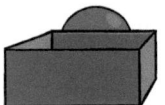

achter

Zadaj

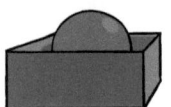

in

V

vör

Pred

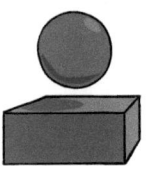

över

Nad

op

Na

ünner

Pod

blangen

Poleg

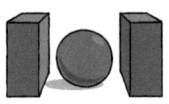

twüschen

Med

Oort

Kraj